Ce Carnet Appartient À :

. . . .

www.ingramcontent.com/pod-product-compliance
Lightning Source LLC
Chambersburg PA
CBHW070535160726
48003CB00004B/1789